Gango

Musanganiswa weNhetembo

Rakapepetwa naTendai Sauta

Vadetembi
@Pope (Francis Muzofa),
Diana Vito & Rumbi Chen

First edition January 2025
Book design by Tendai Mwanaka
Edited by Tendai Sauta
ISBN 978-1-7638569-0-5 (paperback)
ISBN 978-1-7638569-1-2 (e-book)

Zviri Mukati (Contents)

Rutendo (Acknowledgements)

Being part and parcel of this greatly packaged parcel is an honour and privilege. I fully pledge my support to all the success and failures that will accrue from this honey glued anthology, which came from an array of wildflowers. To the two ladies, Ms Chen and Diana, thank you so much for pushing me; I was the wheelbarrow you were the pushers. You pushed hard to see this over the line. To our editor, Mr Sauta, thank you for the salt. That's why the good old wise folks said, *"Ndakuziva nyama, kuti chinokunatsa munyu."* Asika panobikwa nyama kusvika pakuibva hausi munyu chete nyenyama zvakakosha, kune vatsvaki vehuni nevakuchidziri vanenge vari seri, tinokutendai kuseri ikoko kwamuri. Rume rimwe harikombi churu, nokudaro tinotenda vose vakatibatsira kukomba churu ichi, takazoiuraya nyoka iya yomuchuru kuburikidza rerubatsiro rwenyu. Ndinovimba mucharamba muchitibatsira kukomba zvimwe zvuru tichiuraya dzimwe mhungu, nekuti tinoziva hazvidi dzungu. Sandinyore kusakura nzungu. Kwakitsi kutenda kuri numoyo kunge rwendo rwembwa.

Furthermore, this collection features several indigenous languages of Zimbabwe. For some of the translations, we needed assistance. We appreciate the generous contributions of David Nkatha (Celebrated and Appreciated poem - Ndebele translations, Chigutiro and

Mupendero Weludo poems - Shangani translations), Gugu (Mupendero Weludo - Ndebele translations), Terrence Tembo (Mupendero Weludo poem - Ndau translations) and Norman Jesinawo a.k.a. King Luscious (Chigutiro poem - Chichewa translations), thank you. Some of the poems originated from personal experiences and of note are the conversations with Gogo Mildred Chapwa Zhuwawo who inspired praise some of the praise poems and that about genuine friendship (Bhururu poem).

Foreword (Nhungamidzo)

By Tendai Sauta

Gango is Shona for a frying or roasting clay pot or pan which was traditionally an important utensil used to roast corn, ground nuts, monkey nuts and meat. Nowadays Gango in urban circles is being used to denote a meat frying pan used at beer drinking spots. Varieties of meat are toasted and often times mixed with assortments of chicken, offals, beef including vegetables and are fried and served with sadza or any form of desired starch. For friends and business partners Diana Vito and Chenai Rumbidzai Dunduru aka Rumbi Chen and Francis Muzofa identified as @Pope in the book is not limited to a variety of ballads, sonnets, lyrical, prose and other types of poem and extends to the traditional and modernized scope of cultural restoration and social commentary. Gango Musanganiswa weNhetembo is Shona for a roast pan of mixed poetry collection and the anthology is rich in self-expression, probing cultural identity, empathy, ideas generation and subsequently teaching many life values that encourages social cohesion.

About the poets, Rumbidzai Chenai Dunduru is an Accountant and Public Health graduate based in Melbourne and Diana Vito is a creative with a repute as a baker, caterer, design and décor artist including managing artists. Francis Muzofa (aka @Pope) is a

Zimbabwean Technician by profession, poet by birth and prince by blood who is currently based in Namibia. He has published both locally and internationally via different platforms that include, newspaper, magazines, journals and anthologies. He is a philosophical poet who enjoys humour and allegory in most of his writings. His favourite writing themes include gender, health, climate and nature. This is Dunduru's third poetry collection and in the first one, Dudu Muduri she also dedicates a poem to her friend Vito.

Rumbidzai Chenai Dunduru who coordinated the Gango Musanganiswa weNhetembo project said that: "My taste in poetry reflects the dynamic experiences of life, joys, struggles, and celebrations. The essence is that shared experiences are often incomplete without communal enjoyment.

Beyond health, my poetry addresses issues such as inequality, environmental sustainability, mental health awareness, GBV, and social justice. I aim to inspire change and empathy across diverse societal challenges.

Poetry allows me to explore human resilience and the interconnectedness of our lives on a global scale, showing how collective action and introspection can transform lives."

The Gango Musanganiswa weNhetembo book embraces several concepts of philosophy like that of Confucius who praised the social role of poetry and its ability to express emotions, observe society, and plenty other achievements. It is widely alleged that Confucius perceived poetry as a board of knowledge which had social roles which included and not restricted to expressing emotions, observing society, making friends, advising the king, and honouring parents. Confucius selected and edited 300 poems for The Book of Poetry, all of which were lyrics with musical accompaniment. In similar manner, Dunduru, Muzofa and Vito are musicians in their own right and work closely with the Mufakose, Harare based musical outfit Hofi. At one time Hofi played musical accompaniment to the Rumbidzai Chenai Dunduru written poems in the book Dudu Muduri.

The trio of Dunduru, Vito and Muzofa toast their poems in both antiquated verbose phrases and modern colloquial language whilst they retain a great sense of humour. More so their desire for the promotion of local languages is visualized in their blend of Shona and English Poems including borrowed statements from Chichewa. In the Gango Anthology, the trio tackles issues on health and well-being like parental care, Covid19, education, the importance of readership and developing a sense of pride and cultural identity. Through poems like Christmas, Dearest WHO, Letter to the Headmaster, More Radio Please, House of Stone, Chigutiro (In satisfaction), Nhasi Torumbidza (Today we are in praise) amongst plenty others make Gango Musanganiswa weNhetembo poetry book highly didactive and inclusive and consequently making it suitable for school and public readership.

Chikamu 1 (Part 1)

Wangu Wepamoyo Dhewa

Diana Vito

Vakuru vakataura kuti,
Mvura inoyerera payakamboyerera napo
Chiri mumoyo chiri muninga
Aiwa bvumavaranda vane rurimi runotapira.
Ndakange ndazvipira kuti haticheuke shure
Vakange vafuratira tikati regai vaende.

Mazuva nemakore ndokupindana
Wanike Dhewa vabudikira ndikati kwete
Ndokupindana zvakare mazuva nemakore
Havo vabudikira zvekare Moyondizvo
Zvikanzi ayewa Soko kukanganisa
Kuri muvanhu.
Ndahwarara mabvi nemagokora
Revai ramunoda ndinoripa zvangu

Mwenewazvo ndakambosunga Moyo,
Asika ndangariro dzekare dzaingunopishana
Moyo nepfungwa ndokuzviudza chokwadi
Chauya chauya
Chida moyo hamba yakada makwati
Misodzi pamatama yaiyerera

Asika moyo une zvawo zvawaida

Hombarume yakaramba ichivhevhetedza
Mashoko anotapira ainaya zuva nezuva
Wanike Soko vanyura zvekare murudo
Zvakange zvakanyorwa pasi kare
Hazvaigona kudzimika
Mwari ndivo vanoziva kwatiri kuenda
Moyo muti wakamera paunoda
Nemumvura tese!

Celebrated and Appreciated

Rumbi Chen

Mudzimai
Umfazi
Mkazi
Defining her beauty by looks is injustice
Refining her presence is justice
Gender equality at the helm to present her resourcefulness
Innovative and effective she marches on
Train her don't drain her
All need her in this fast paced digital era with its legal errors
Embrace equity
March on woman
Women, women, women
Prevention is the best antidote
Provoked or not, violence is not the answer
Protect yourself while you can
Walk away if you must
Watch out for the signs
Like rust you may see them
Like dust you may smell them
Do not mask them
Otherwise, you will be masked forever

Cosmic Romantic Dance

@Pope

The Earth cat walked past the Sun
The Sun winked and smiled like a teenager
The Earth continued dancing
Showing off it's more sumptuous butt side
The Sun salivated in admiration
And declared uninterrupted supply
Of light to Earth for life
The Moon watched enviously
And mourned
From a distant
He knew he was no match to Sun
Jealousy was his only consolation.
Who cares
He ain't got the muscle nor the balls.

Christmas

@Pope

As I entered
The area
I sensed
The aroma
I moved to centre
I am engulfed
In the gulf of Joy
In the gulf of Arrival
In the gulf of Presence

A soft tap on front –door
A tweak on door–lever
Ajar the door
Behind the door—none
In the room—none
A mystery
Need a mastery

To centre forward
I moved
I am in the area now
I smelt a goal

I composed myself
I looked up

There she is
My goddess
The quintessence of beauty
Atlantic mermaid
Long ponytailed
Dripping jewellery
Jaw–dropping silhouette
Elegant catwalk
Piercing straight look
Bow arrowed red lips
Drawn ready to kiss or hiss
It's the lightning smile
That broke the camel's back
Hallucination ensued
Soliloquy is the daughter of Hallucination

This is indeed Christmas
This is indeed what I imagined
This is indeed what I waited for all year long
Worth the wait
Not in vain
Though in pain

I love you Christmas
Marry me Christmas
So, my Christmas can be merry.

Ankle by CK

Rumbi Chen

At this point she was in panic mode
As she rushed for the door, I shouted
Here is Give Me.

With one glare at me, she stormed outside.
Weaving her way through the busy traffic,
She sped to the mall,
Knocking tomato stalls on her way.

She reached the shop at quarter to closing.
She skidded to a screeching halt
Landing on her toes with hands on the security guard's hair.

Releasing her hands and regaining her balance,
She marched to the shelves.
There was only Verily left.

Oh no! That couldn't be true
With a dejected look, eyes searched for a sales assistant
At that instant, that glow returned to her eyes.
Boxes of Ankle by CK.

Hainai

@Pope

Pasi ramera
Pasi rashanduka
Pasi rava shandukuminya
Musoro wavapasi
Makumbo mudenga
Denga harichina mudengezeri

Vakaminama vofamba
Vakatsveyama vofamba
Varimushwi vofamba
Zvomukati zvose zviripazhe
Varikufamba

Magova mhuka here
Magova mbudzi here
Zvomonanika zviyo pachena
Ko-zvikadyiwa nembudzi
Ko-zvikachovonywa nehuku
Ko-zvikanaiwa nemvura
Munoda kubika doro romukwerere here
Zvino chero mukarivamba
Munoti rinovira

Varipasi havadaviri
Haidonhi ndinokupikirai
Makunakuna padurunhuru manyanya

Pasi rakupai shure
Musati ishura
Ndimi makatanga kushora
Muchiti tavashoroma
Kandai tione
Kuti tsvimbo yacho
Inoridonhedza here dohwe racho.

New Coffee Shops

Rumbi Chen

"Your coffee needs more milk!"
But I didn't take milk then.

"You should order a cinnamon pancake!"
But I was allergic to cinnamon then.

"You should not order dessert!"
But I loved dessert then.

Now my life has changed.
The things I didn't take, I now do.

Those I took, I now don't.
My life is now one beautiful smile.

Kufira Shanga

@Pope

Dzakakandwa shanga.
Huku yakaronda shanga.
Mumba kwedee ichinonga shanga.
Haina kuona vanhu.
Yakaona chikafu.
Vanhu vakaona chikafu.
Muyeni akaratidzwa chikafu.
Huku yomweni, chikafu.
Huku payakanongo shanga yekupedzisira.
Huku yakati pembenu! Yakabva yaona vanhu.
Vanhu vakaona chikafu.
Vanhu nechikafu dzvokoo!
Huku payakada kutiza vanhu.
Vanhu sasa ndwaa!
Sasa kuvhara huku kubatwa.
Huku kubatwa gwese kurodzwa.
Moto kuveswa.
Mvura kugadzwa.
Mvura ichifashaira.
Dzapasi chigare dzichitsva.
Mate achisina mumatadza.
Jongwe akafira shanga.

Chikamu 2 (Part 2)

The Acrobatics of a Poet

@Pope

He's crazy
He's not lazy
With words and phrases
He's an acrobat

With satire— he never tires
With allegory— he's Gregory
With idioms and what not— he's not an idiot
With hyperbole— he's god
With alliteration— A-Z less vowels
With assonance — a e i o u
With oxymoron — a clever fool
With euphemism— he uses bathroom not toilet
With imagery— he paints vivid creatures
With juxtaposition— he is a baker
With diction— a dictionary
With onomatopoeia— wow don't mention

Like a Mig aircraft; he takes off to page
Like a butterfly; he beautifies the page
Like a bat just before rain; he spins on page

His literary vision is that of an eagle
His witty words typify the Eden serpent
His literary offerings are rosariums
His melodies are Ziggy Marley & the Melody Makers

He flows like the Nile
He is a word acrobat
He is not a word document
Although he writes in word
You have to read him
To understand him
You have to love him
To sleep with him
You can marry him
If you fall in love with him

You can mail him
On Gmail
But don't blackmail him
You can follow him
On Facebook
So, you can see his face
Easter holiday
Catch him on Instagram
You will never miss him
His acrobatics
Are too spectacular to be missed.

Nhasi Torumbidza

Diana Vito

Tiripano nhasi, kurumbidza basa rake sezita rake.
Chenaimoyo wake moyo wakachena sezita rake.
Hwakaropafadzwa hura hwaakabuda
Wehumambo mukunda waChinamhora.

Matendo kuvaShawasha dzinde rake.
Vanokwana muchanza vane gomborero serake.
Ziso risina mupatsu pamuonero.
Manjenjenje tinoisa manja makarera manake.

Mukaka wakakodzekwa usina mutuvi.
Munamba unobvutidzanwa nemizera yose.
Hana isina rusarura kana rudado.
Matendo kumusiki nechipo chikuru ichi.

More Radio Please

Rumbi Chen

In the waves that dance through the air,
A century unfolds, a tale to share.
Informing, entertaining, educating true,
Radio, a companion, steadfast ever anew.

A symphony of voices, diverse and clear,
Echoes of knowledge for all to hear.
Through crackling static, a resilient song,
Decades pass, but the melody is strong.

In the still of the night, a lullaby sweet,
Stories of courage and challenges meet.
From newsrooms to dramas, frequencies wide,
Radio whispers, in each listener's side.

A century's journey, a magical ride,
Through laughter, tears, and facts to confide.
In the heart of the airwaves, a timeless art,
Radio, the storyteller, playing its part.

Serenity

Rumbi Chen

Then I wonder…
It hugs you in warmth
It comforts you in a resonate whisper
Revealing a compassionate heart
…that serene smile
It reveals an ethereal within,
Which relieves many a melancholic face.
Always wanting to help
Yet too little time to tackle
And so many to handle
Those eyes—
that look beyond seeing.
Piercing through pieces
and piecing them together.
Eyes that you can listen to:
In all empathy and sympathy
Ethos.
Kindness…humility.
That which is within.
For the world to see.
A bold woman
that you are.

Yaive Nondo YekwaChirau

Diana Vito

Parunako yaive mhenya
Mukorekore akabva nyika yaShe Chirau
Hunyanzvi hwekuumba hari ndopaive pamusha
Kupinda mumunda vaibata gejo sehombarume
Kana riri dovi vaikuya pahuyo neavo maoko maviri
Pakubata njera yenhimbe,
Vaibika doro rinenge mukaka
Mambakwedza vaienda nebhureka ravo kunokama mukaka
Kudzira mumba nendove mbune
Chivanze chavo chaigara chakachena
Rwizi rwaMupfure vainoraura vega zvigwaya
Yaive chembere yedona havaida kuona tsvina
Ukati ubate mutsvairo, waiona vodzokorora
Kusuka ndiro waipembera ukaona vadzinan'anidza
Dziri padara vasina kudzidzokorora
Musha wavaManondo vaidya vachipfachura
Waive usiri musha wesimbe
Nguva yekutandara maisunga mbabvu vachitaura nyambo
dzinokodza moyo
Vakuru vakati chisingapere chinoshura
Makore achipinda vakange vobata mudonzvo
Simba rokushanda rakaenda richipera

Dzidziso huru yatakabata mwanasikana shanda
Hakuna basa rinonzi remurume kana remukadzi
Hope hadzina ndima, kuguta kushanda

Bhururu

Diana Vito

Shamwari yangu yandakada kusvikira muguva
Chipangamazano
Kunyangwe zvaioma sei
Taiisa misoro pamwechete
Toriruka dhoiri nekurudunura
Pfungwa dzichipishana kuti
Zvapaoma apa tinopabuda sei
Nhai sahwira wangu
Wakandisiya ndiri mugwenga

Wekutsamirana naye handichisina
Nhamo dzedu taichemerana
Pamwe pacho toseka nhamo serugare
Ipapo tinenge tapererwa nemazano
Pakati pedu pane aizowana simba
Totozvisimbisa kuti nhamo haiuraye
Simba mukaka rinosinira
Hapo tosimudza mikwende takananga Joni
Totengesa todzoka nezvatinenge tawana
Pamwe pacho tobiridzirwa nekusiyana kwemitauro

Mifaro yedu taipururudza
Tichinwa svutugadzike nemakeke
Tigere pasi pemupichisi
Hurukuro dzedu
Dzaive dzekuvaka
Kwete kupesanisa vamwe
Misha yedu tichivakiridza
Pawakandiperekedza ndichaenda kumusha
Handina kuziva kuti ndokwaive
Kuparadzana zvachose
Wakandisiira ronda sahwira wangu
Masodzi oyerera dzangove ndangariro
Ndinongoti rufu inzira yedu tose

Mhayi

@Pope

Senyana makandirurira.
Senyana makandibvumbamira
Semwana makandiyamwisa.
Semwana makandirwira.

Kugara makandidzidzisa.
Kukambaira makandidzidzisa.
Kufamba makandidzidzisa.
Senyana makandidzidzisa kubhururuka.

Sehari makandiumba.
Sesadza makandibika.
Senyimo makanditoda.
Segwidi makandisakurira.
Sezviyo makandipura.
Sedoro makandipumha.
Nzizi makandivambutsa
Mipata makandipfuudza.

Ndavachigondora zvino,
Ndozvikumira,
Ndozvifurira.

Ndava nzembe,
Ndonyengana nemhepo.
Mhepo yavadandaro rangu.
Ndava furiramudenga,
Ndodya mashizha ekumanhengatenga.
Ndava mhene,
Ndohwinya ganda.
Ndava mhene,
Hapana imbwa ichandibata.

Mhayi! Mhayi!
Mhayi handigoni nemi.
Mhayi munodeyi?
Mhayi munonweyi?
Mhayi munodyeyi?
Mhayi munoda huchi here?
Dendende here kana hwegonera?
Nyama munoda ipi?
Yegwai here kana yengwindi?
Rokwe munoda rekusonwa here?
Kana rekurukwa?
Shangu munoda dzeganda here?
Kana dzemucheka?
Mhayi munodeyi?
Ndikuitireyi zvamunoda.
Handigoni nemi mhayi.
Handidi nemi mhayi.

Mhayi mava nyana rangu.
Mhayi mava zana rangu
Mhayi mava mhuru yangu.
Mhayi mava gwai rangu.
Mava gwayana rangu.

Zvangu zvose, ndimi.
Changu chose ndimi.
Kuvapano ndimi
Ndimi! Ndimi! Mhayi.
Ndimi dzangu nemi,
Dzakatangira, mudumbu.
Nanhasi ndimimoga
Munogona kududzira,
Ndimi dzangu.
Hope dzangu munodudzira.
Kufara kwangu munokunzwa muditi.
Kushuwa kwangu munokunzwa muhana.
Chiso changu munoverenga.

Ndokutendayi neyi mhayi?
Mashoko haakwani.
Ndarama haitengi.
Zviwanikwa hazvikwani.
Upenyu makandipa.
Upenyu hamuna kunditengesera.
Upenyu hautengeki
Upenyu wedzerwayi nedenga.
Denga rikuchengeteyi.
Denga rikuriseyi.
Denga rikuzoreyi mafuta anonhuwira
Nokusingaperi.
Muri mwari wangu.
Muri denga rangu.

Seke Mutema

Diana Vito

Hekani mwana waVhuramai
Vakabve Dungwiza kuMayambara
Jengambereko yedu tinohwarara
Makatirera chokwadi kukura kurerwa
Pasina imi tingadai tisipo
Hatikanganwe rudo rwamaitipa
Hakuna wamaisarudza
Kwamuri yaingove chenga ose manhanga
Hapana risina mhodzi
Maive dura reruzivo
Mazano marairanwa aSeke chipangamazano
Ruoko rwenyu rwaive rwusina kupfupika
Shirikadzi yaive mai vevazhinji
Ukanzwa aSeke voimba kuti,
"Hapana ane nharo mumba mamai vangu kufanana neni"
Waibva waziva kuti shamhu yemupichisi iri seri kwesofa
Unenge wafarisa vaenzi vauya usina kubuda panze kuteerera nyaya
dzevakuru

House of Stone

Rumbi Chen

My Zimbabwe,
Why Zimbabwe?
I am an expression of wealth and power
In my matrix of passages, you find health and valour
I am a stunning feat of architecture made from the cunning wit of
great ancestry
A place of myth and mystery that I am
A face so rich in history
My conical tower draws upon the great pyramids
Upon which those of old were enlightened
Mutapa Kingdom
House of stone
I am Great Zimbabwe

I am the grand mythical head
With a brain span reaching the Pyramids of Giza
Styled in grandeur, adorned in strength, mystery and history by the
marvellous Mutapa
Zimbabwe bird is within my walls, Hungwe, they call it
I am the great gold kingdom
The grand old Great Zimbabwe

I am the blue wonder hidden underground
In my limestone maze you will crisscross around stalagmites
With stalactites gazing down at you
It will take a lifetime to reach the bottom of my seemingly
bottomless lake
Throw a stone and it becomes a milestone
My dark caves, scary yet friendly, welcome you.
If you cannot stare at me, you see me,
I am the blue eye underground.
I am Chinhoyi Caves.

I am the lush and plush face of this beautiful country
In my roots, riches are nourished which flourish into a massive
green beauty
Chirinda Forest stands in gracious confidence on the beautiful
ensemble Eastern Highlands
Meandering lakes grace the scenic landscape
Endeavouring faces pace the scenery
I am the green guardian on the East
My scenic contours and valleys will give your eyes a feast
My peaks hide in the midst of thick mist
To emerge evergreen beauty

Dumelani bezi vehango yeZimbabwe
Hawo madombo eMatopo anomuwamutjila
Wani mulikanyi
To boka
I am the bald head
Daily I am scorched by the sun's searing rays
Yearly I am scratched by your sons' shoes
I am the ancient shrine of royalty
Here at Njelele, you cannot play the ukulele
The rocks here speak in whispers, not tunes

Oracle kopjes and menacing boulders conceal my baldness
I am that bare head
You want to caress
I am Matopos

Can I trust you with my heart
Or can you capture my heart
I move around in season, looking for love
In neighbouring countries, I move
I coerce lovers with my big five
They say it's revelation,
But the heart knows no evolution
I am the heartbeat of creation
I am Gonarezhou today, I am Malilangwe
Tomorrow I am Hwange, Matusadona, Zambezi
And Mana Pools across Nyanga's peaks
Come take my heart
I am National Parks

I decided to see this country
And the harsh white water of the mighty Zambezi
Shook me in violent tenderness

Suddenly, with graceful strides,
I found myself swimming in the blue wonder
Under the Chinhoyi Caves, Chirorodziva
Where no man knows how deep it is

I hear the Tonga singing
Twambila monze, welcome, welcome
I am lost in the white spray
Mosi-oa-Tunya, the smoke that thunders
Victoria Falls

Plunging down into the gorge
Graced in a glorious rainbow

Only to wake up in time to see the sunshine
Stroking the summit of Matopos
Even the midday sun scorches this ancient shrine of royalty

Come follow me in swift serenade
On this proud promenade through wondrous land
Marvel at the wonders of Zimbabwe.

Chikamu 3 (Part 3)

Drugs the Menace in our Society

Diana Vito

This is not the voice of the one crying in the wilderness.
It is a voice of one crying from our streets
From our community
From our society
Iwe neni tine basa
The voice of a concerned citizen is crying
Ndipo patasvika here senyika
We see them roving about the streets unkempt
We see them roving about the streets mumbling to themselves
Break into laughter and no one else is sharing the joke
Whispers and fingers pointed hanzi "akabatwa last number"
Taking bronco, kambwa, mutoriro is the order of their day
Stealing from households
Violent behaviour
Shouting obscenities
"Mwana wanhingi rave rombe"
I say hold on, "kana wakabereka sekera mudende"
Maybe not your kith and kin
But still they're a part of us
Remember it takes a whole village to raise a child
Let us emancipate each other
Inovakwa nevene vayo
Ini Mwenewazvo ndazvireva
Mental health is real.

Dearest WHO

@Pope

Who am I
Who are you
I come before you
WHO
Because of who you are
Because of who I am
WHO you are the custodian of global health
The Alpha & Omega of health
Who am I WHO
I am a victim
A bitter victim

I lost a lot to Covid-19
I lost a brother
I lost a sister
I lost family and friends
I nearly lost myself to the disease
I survived but with big scars
Physical and emotional scars
Since I recovered from COVID-19
I never recovered my original breathing back
I struggle to breathe

I have back pain since
The loss of family and friends is an everlasting emotional trauma

WHO I have questions
Who was responsible for COVID-19
Who benefitted from COVID-19
Who was complicit
Who was booked for the losses
Who investigated the origins of COVID-19

What are the conclusions
What are the lessons
What are the chances of recourse
How conclusive are the conclusions
How safe are we in future
WHO we need answers
We still grieving
We still restless
We still sick

Was the vaccine helpful
How about the side effects
Was the disease man made
Was the disease God made
Please WHO
Who was responsible
Was it Wuhan
Tell us more.

Future Forward

Rumbi Chen

I could be slow, I could be slow, but I know I will go
Forward—
They strike me from all sides, they fight me from all strides
But I refuse to hide—
I will tie no bands
But I will carry my brand
For I know the power is in my hands
To change tomorrow
My past is behind
My present is here
And my future is before me.
Yes, I will go forward.

A Letter to our Headmaster

Rumbi Chen

Dear Sir
It was mother to child transmission
Now I am mild in submission
Yet they are wild in misconception
What happened to no discrimination?

Sometimes I skip school because I am sick
Those times I cannot even hold a stick
Let alone lift a click

Will there be a time with no infection?
Are we all lost in this inflection?
Or is reflection all we have in this direction?

I want to finish school
I enjoy working with ewes
Then I can start my own farm.

Pundutso

Rumbi Chen

Heee circumcision this, circumcision that,
Zvinotipei izvozvo?

My beautiful Zimbabwe, this is sad
High HIV rates
My youthful face
I am glad there is hope
But if I may ask, hope from where?
Ahh hamuzivi here?
Kuchecheudzwa kwemurume kunodzivirira utachiona,
Pakati pemurume nemudzimai.
Kana njovhera chaiyo.
Koiwo hutsanana zvawo
Kana madzimai enyu anofarawo
Achiona makashambidzika

Twana twakachecheudzwa twunoratidza ungwaru neumhare
Twakachangamuka, twakangwarira hupenyu kuti gwindiri
Twune utano hwakati tswikiti
Zvinorwadza ehe asi inguva diki kwazvo
Wives encourage your husbands
Lives are more important than ignorance

Then again it is about preference
No need for arrogance

Musandituka
Mutumwa haana mbonje
Vana mai mhanyai nevapwere venyu,
Kuvakoti kwete kuvasiya,
Vachipepereka nenzira.
Vasimbisei vajaire ndoujaya hwacho.
Community leaders communicate,
The need to go for VMMC[1]
We need to see you there
Our hope lies in everyone
It starts with you and me
There is hope for me, for you,
For our Zimbabwe.
We are all ambassadors of hope.
Because through VMMC,
There is hope.

---

[1] Voluntary Medical Male Circumcision

Musha Rudziiko[2]

Rumbi Chen

Mukoma Mairosi, ijerasi here?
Mafunga kutifonyora njere?
Matikanda muchoto isu pwere
Ndiri seni ndaiti kana ndakura ndinoda kuva mukoma Mairosi
Nhasi vangofanana naJairosi
Kukereke ndivo pamberi kutaimira hakirosi
Musha rudziiko?
Unenge wakadyiwa muko
Zvichasvika kupiko?"

Chii chakadaro ichocho chinenge mhiko?
Haaa ndoko!
Dai kari kare takakurovera hoko
Uri muroyi hauna mwoyo
Pfungwa dzako ndedza dhiabhorosi
Unoita semunhu kwaye wakahwanda muhovhorosi
Uchisvibisa pfungwa dzedu setabata mahabhurosi

Apa mhedzisiro kunanga kwaMatombosi,
Tokurira kupi muchitifurura?
Muchuchusi ngaauye pano
Mufundisi ngavauye pano

---

[2] Detembo iri rabviswa zvidimbu uye rinowanikwa mubhuku rangu renyaya, *Ndezve Meso*.

Mudzidzisi ngavauye pano
Taridza nhare kudare
Mhere yepwere,
Yasvika kumusoro kwamuri here?
Tasara toga, kwasara kuti tasa
Vadzimu vadzokera nyikadzimu
Vekereke vaenda Mereka
Takombwa nemabhinya
Vano zhinya
Tichidzvinywa
Nemadzvinyangwe
Guka makafela, kufa makapera
Mutoriro, mutoro
Mangemba, mahwani
Tumbwa, kufa
Todiiko?
Senzeni?

Vakomana Mandiregerera

Rumbi Chen

Iii ndaneta ini
Shuwa di.
Makanditambira mumiri yenyu ndikafara
Mukandipa pakachena pekugara
Makutambura kundidzinga
Nhasi mavara azarevhu

Maichena nekushenaira muchishamisira
Nhasi mondichenamira
Makusema wese akanditakura hanzi akasviba
Imi ndimi makachena?

Wese ana katsapo kemushonga mokwenyana
Mese makaibata tambo yekunyenama
Batai munhu wese semunhu
Aneni kana asi-neni
Mwoyo yenyu ngaichene mhani!

Horaiti
Kana mada zvekushora, siyanai neni!
Handikudei ini!
Nhasi mandidana, asizve monditanda

Mondivhunza makandinzwanani

Handivaraidze hongu
Musanditsvage
Chenai mafungiro nemaitiro enyu

Chenai

Rumbi Chen

Hokoyo Chirombowe!
Hoyo mutakati asvika, muparanzvongo
Hezvino moita besanwa kunditsvaga
Heya, ini piritsi ndakatokoshawo nhai!
Hama chenai, chenai, chenai

Kamukomana kacho kungoti pfacha, tsoka ndibereke
Vazhinji rinova bishi, aziva kwake aziva kwake
Asi vamwe, kutokunya majasi
Hanzi chinouya chinoona ini
Kakomana kacho kanosiya kabvonganisa zvese
Kangokuti pfe, hakakurege, newe sechikwekwe

Kanotoda kusiya kakufushira
Zvino iwe unezivo, chakachenjedza ndechakatanga
Dutira mapiritsi kana kakushanyira
Ndosaka ndiripo kurwisa kakomana ikaka
Musazvidye mwoyo, ivai nemwoyo chena

Chenai, chenai, chenai
Ndatokoshiwa kuti zvirikufamba sei
Ah! Seka urema wafa

Makanganwa kuti kakomana kacho hakasarudze
Vapamhi, vadera, vachena, vanyana, varumbwana
Tsikombi, shirikadzi, hwereshenga, humburukwa
Mitsvikoriko, ngarakata kana tsvarakadenga
Vese vese kanosiya kavasukurudza
Ko imi kuzoseka?
Asakara, ayerera, mokwenyana
Adarika monyenama
Ko ndiye akazvida?
Mudzimu yakupa chironda hunzi nhunzi dzikudye
Kune vamwewo vane meso meso vanozorumwa nechekuchera
Meso ngaachenere pamwechete
Chenai, chenai, chenai

Akaruma nezve ndewako
Ini piritsi ndiri pano
Sanduko inotanga mumaonero ako
Cheneso inotanga mupfungwa dzako
Kuchena kwobuda mumaitiro ako
Chenai, chenai, chenai.

Mupendero Weludo

Rumbi Chen

Dumelani
Gombwa leMufakose ndomuwamuchila mose
Twambile monze
Twasanurai zvanza zvenyu
Tiumbe chiro chimweni bedzi
Chirocho
Chinova runyararo - handi chiroto
With peace we foster unity and harmony
Humming in unison of one song
One love, takaenda
Anhani woye,
Ati seyenze pamwepo kuti ere ndau dzedu dzisimuke
Dzisimbe senzimbe pamazimbe

Tiimbezve rwiyo rwokubatana mukusiyana kwedu
Ko tiri munyika imwe -
Doho dzidzai kudanana sevanhu vamwe
Imwiwo vakuru vedu mobatira nekoko
Kokora inonaka takaungana
Makurukota edu korokodzai vanhu murudo
Tinogonde kuti hayi, hurumende icharambe yeitidetsera kuti anhu
agare eyizwanana ngekuremeredzana mundau dzawakagara

Vandudzai mitemo inonzwa zvichemo zvamarudzi
Ingawani vematongo havacharoorane

Iiii zvekudaro hazvifanire kugozha kudaro
Tingatanda botso tikasafambisa shoko
Tichigere kudanana sevanhu vamwe
Tinovenganiraneiko, madhunamutuna machewe
Ane mhazha akamaka ane man'a
Ane mavende anoshenairira muNdebele
Ane ganda anoganza kune ane musvuwu
Nhaka, hazviko izvi
Isu maChikunda tichakunda rinhi

Let's embrace our diversity in harmony
Uri hama yanga
Ukuchinja kuqula lawe
Dirai rudo, runyararo
Izare hari yekubatana
Kumativi mana ndanga ndakukwazisai?
Linjani?
Muli bwanji?
Mulibuti?
Vanhumi makasimba chere?

Chigutiro

Rumbi Chen

Chigutiro
Tamba wakaguta
Hukamaiko?
Hunenge usahwira
Chigutsirira
Ko, unoitweiko
Nemadzisahwira

Tinokuchingamidzai
Mabwera bwino
Tinomuwamutjila
Tilandile
Welcome wonderful people
Today we know no toil
For you have graced our soil
Tatsikwa nevakuru vane masanhu makuru

Isu veMufakose
Hwereshenga netsvarakadenga
Varumbwana nevaputana
Vatana nevapfanha
Tinokuchingamidzai mose

Takadai tose
Takaenda takatenda
Mugare kure nemoto

We appreciate this gesture
Not a fabricated honour
Honai vose vauya kuzowona
We need more measures
A treasure no man pressures
To foster these relationships
A unity of cultures to enable positive futures

Maybe it can ease our hardships
Perhaps strengthen our friendships
In our pension, we'll remember these valued partnerships
Anzanga
Magura nchito
Zikomo kwambili hama yanga
Ngazipite kutsogoro

Chikamu 4 (Part 4)

Graduation

@Pope

Dear Lord,
Dear Creator,
Teach us to die,
Teach us to die,

So that when we die,
We won't die,
We transcend.

Teach us to die, so that when we die we embrace death.
Teach us to die so that when we die we are born into the next life.
Teach us to die so that when we die, our families and friends don't die with us.

You gave us the law of death,
You gave us the rewards of dying, But you didn't teach us to die.

Teach us to die, for to die is to live.
Teach us to die, for to die is to graduate.
Teach us to die, so that when we die we die wholeheartedly and peacefully.

Teach to die so that when we die our families live happily and peacefully.

Dear Lord if only you could teach us to close the door behind peacefully, as we open the door ahead graciously.

Teach us to die
Teach us live
Teach us to transcend.
Teach us to graduate.

I don't want to die if I will not live.
I don't want to die if they won't live.
I don't want to die unless you teach me and them how to die.

I will be dead, if I die before you teach me how to die.
I don't want to die twice.
I don't want them to die twice.
I want to live once,
I want to leave once,
Thank you, Lord.

Kurauone

Rumbi Chen

Musha mukadzi
Musoro wemba ndibaba
Musha, kana worohwa rava dongo
Musoro kana worova musha, wave zondo zve
Hazvina maturo

Kurauone
Kwete rohwa uone
Kwete shungurudzwa uone
Mumambure makapinda mushe
Nhasi wave mambara, mambama chete
Hazvina maturo

Hondo
Musha wave tirongo
Ukataura unoona ndondo
Angove masvanhikongonya
Hazvina maturo

Musha wave dongo
Zvawaive mukadzi paya
Musha wakafushirwa nemusoro

Musoro wave kufunga sezondo
Yave dai ndakaziva haitungamirire
Hazvina maturo

Moyo Wekubereka Makaisepiko

Diana Vito

Tisvikeiwo pano pamusha!
Meso akatarisana,
Vamwe ndokukwenyana
Hakuna akadaira zvine simba
Chaitariswa katsapo kasina akatambira
Vamwe vakaramba vachiita zvavaiita

Chiriporipotyo amai vakapinda
"Titambire, aah ko ndimi mauya"
Izwi rakange risina kusimba
Vazukuru vaimhoreswa zvokuti zvivabve
Mwanasikana maziso akajenga misodzi
Pfungwa dzaitandanisana
Imhosva kuva murombo here
Inga ndakasungirira mari yemusika
Kuuya kuzoona hama nechishuwo nerudo

Runyanhiriri ndokubata mapadza
Ko ndikashanda zvimwe ndingawane kufarirwa
Kusakura gandiwa rese ndichiti ndokugonera nyakubereka
Zvamboonekwa nani izvozvo
Kukumuka mumunda ravira

Ndakazviudza kuti simba mukaka rinosinira
Kutendwa kana kusagamuchirwa
Ukaita chakanaka wazviitira ndomazwi aindisimbaradza

Akachizoti asvika Emeri wekumasabhabha
Gotwe remumba maamai vangu
Yakavabatai batai
Musha wese wakamhanyira kumotokari yake
Vamwe vairidza mhururu, vamwe mheterwa
Ko murungu wavo ainge asvikazve
Takamhoresana asi airatidza kushaya hany'a
Chaishorwa pandiri kumitiswa nekusave nembawo yangu

Amai vakapembedza Emeri vachiti
Uku ndokunonzi kubereka ndohura hwangu uhwu
Nekubatikana fume ramangwana
Ndakaoneka ndikati ndakumbonoti shande
Zvikoro zvovhurwa ndonogadzirira vana
Handina nhanho refu yandakasvitswa
Ndakazviudza kuti ndiri nherera
Kunyange nyakutumbura aripo
Moyo wekubereka makaisepiko amai vangu

Ane Mari Ndiye Mukuru

Rumbi Chen

Makazvinzwanani?
Ko iyo makandinzwanani yakabvepiko?
Mangwanani rinosara robuda zuva morova bembera
Fembera fembera chikorobho chemusha uno ndiani?

Makandinzwananiko?
Pindikiti chivhindikiti pamusha
Nange kumukuru pamari kwete pazera
Pane asingadiwo chakanaka here?

Maoko mudenga
Ndakanda mapfumo pasi
Ane mari ndiye mambo
Akataura pfocho munomupembedza

Zvakaipa zvikuru
Kubata vadiki sevakuru
Nekuti vane mari huru
Munhu mukuru ndiye mukuru

Mbabvu Yangu

Rumbi Chen

Ndiwe mbabvu yangu
Iwe usina bapu kana vhavhu
Haundibate sebhora renhabvu
Unondibata sezai ribodzi
Chitopodzi akaedza kudyara ruvengo
Ndakazomuverenga mubepa

Pauviriviri, ndozvinoda chivhevhano
Wetatu muzvinaguhwa
Maidei akazama kukutosvora
Zvakashaya basa, kuda kuvhomorawako mwoyo
Mwoyo muti wako wakamera pandiri

Matakadyakare haanyaradze mwana
Dzangova ndangariro
Rudo rwako rwakapera seTarino
Kuchururuka sesendakuru
Kurova sechumi chepepa

Wakandigura kunorira mwachewe
Wakaita muzerere nemwoyo wangu
Ndokuwupotedzera kwakadaro uko

Ukawunhongazve, kwakurasa mumamvhu
Chokwadi wakaita madhiri nemwoyo wangu

The War Within

Rumbi Chen

Armed with words so fierce they pierce the heart
Swarmed with chores, she shows no rest
There, she faces day

Scarred from head to toe, yet she has no foe
Unscathed, she wishes, freedom she yearns for
There, she faces day

Jeered by the man she loves and his friends
Feared by none for they see her as nothing but a slice of bread
Buttered on both sides and tossed for the dogs to feast
Battered on every side, she yearns for light from the east
There, she faces day

Worth nothing, with nothing
Turmoil languishes within her
She's been told, she's been towed
But who is she?
There, she yearns to face a brighter day.

Mark my Words

Rumbi Chen

The elite throw vices to thwart her as unwise
The lowly step on her to stop her as too wise
Then, she rushes into a corner and hides

Hide from cattle whips her
Turn on the kettle she's ordered
What about her bruises?

Bruised and hurting, she limps to her duties
Braised or marinated, she crawls to soothe herself
Brooding about this anguish, she fears the outcome

What if she comes out vengeful
What if she wants to taste the sweet waters of revenge
Only one day, the tide will turn.

No, you don't want to see that day.

Amity.
Placid.
Harmony.

Tinopona

Rumbi Chen

Chakafukidza dzimba matenga
Tinoona sezvisingadzoreki
Kufirapo sepasina muponesi
Shungu wopedzera pana iye jenamuponesi
Kumutsunya kwazvo ndiye adii?
Iye akonzera aripo anozviziira muridzi
Kuzvidzivirira kuna mambara uyu ndicho chikwapuro
Kumukwapura kwete
Asi kupakura chete
Hatidi mheremhere
Prevention is the best antidote
Provoked or not, violence is not the answer
Protect yourself while you can
Walk away if you must
Watch out for the signs
Like rust you may see them
Like dust you may smell them
Do not mask them
Otherwise, you will be masked forever
Chakafukidza dzimba ngachive rudo
Zvikadaro, tinopona nekuti tinopona!

Now she Speaks

Rumbi Chen

Thumbs down
For how long will you suppress us?
You measure us and oppress us
So much pressure on us to perform to your careless requests

Enough is enough
You have spread this wretchedness to your young ones, to the boys,
that we are toys
For you to beat and break
No!

We put our feet down
This tomfoolery stops now
We are not fools, neither are you
Ignorance is no excuse for the law
In your arrogance you bring us low
So low you step on us, you trample on us
Not anymore

Tell your friends
To tell their friends
The hunted has taken the bow

We stamp our feet down
Enough!

Emelda

Rumbi Chen

She stood tall
Chin up, chest out
To them she was just Emelda
A mere name
Emelda

Emelda go
Emelda come
No respect for her feelings
No regard for her fears
Emelda

Go, run, faster
Falling and limping
No remorse for her pain
No reward for her pains
Emelda

She wipes her tears
Enough of their jeers
Time to face her fears
Everything now clears

Emelda

Emelda rise up
Let them all see
You are more than a name
You are a powerhouse
Emelda is your name

Mvura ngainaye

Rumbi Chen

Mbeu takadyara yeruvengo
Takadiridzira mhodzi yeruvengo
Angova makungurunye kutarisana kwevakarambana
Matakadyakare haanyaradzi mwana
Ngainaye hayo mvura

Dunhu rose rinotarisa nejee
Hanzi angaiteiko munhu nje
Iye musvuuganda anoririritirwa nemurume
Iye pachake haasi chiro
Ngainaye hayo mvura

Iwe uri chiiko iwe?
Bhurwa hako unebasa rei?
Iwe chikorobho chemusha wese
Ziva nzvimbo yako mumusha
Mvura ngainaye

Mvura ngainaye
Ikukure ruverengo
Ruvengo rwadai kutekeshera

Tasekwa Masivanda

@Pope

Mumvuri wako mwanangu
Zvawatemwa
Iro zuva richibhanda kudai
Mumengo wako
Zvawatema usati
Watipa mengo
Tichaita sei
Uchaita sei
Mvura zvayaoneka
Chisati chatumbuka
Nzungu dzisati
Dzabuda gugwe
Tichaita sei

Yava kwauri
Muroora wangu
Ini ndanga ndichikuda
Unozviziva
Handina chishoro newe
Asi zvokwadi
Hana yangu inorova
Wasara uchimutete

Mumhodzi hausati watanda
Tichasei nhai mwanangu
Jira nderako Masivanda
Kufuka kana kuwarira
Kana wati unofuka
Zvekuwarira chikanganwa
Ini handizodi
Kuti uti gumbo mumba
Gumbo pazhe
Izvo bodo ndaramba
Hongu denga rakatiseka
Tose iwe neni
Ini handi sarudzo
Iwe ndiye unesarudzo
Asika sarudzo yako
Chimira nayo segweta
Usazoti uku unoti ndakaponda
Uku unoti handina chandinoziva
Muchuchusi anokurovera pamuchinji saJiso
Unofira mukati

Mwanangu zviri kwauri
Handidi minduro nhasi bodo mwanangu
Ndinoziva ronda rako richinyoro
Harisati raibva
Mota rako harisati
Raita muromo
Harisati rosvinika
Asi pamberi apo
Kana raibva takafanira kurisvina
Iyi ichenjedzo chete muroora
Tichaitasei newe
Unodazvipi

Kufuka kana kuwarira
Ndiwe mwene wejira